THE LOVE JAGUAR AND HIS FLOWER

COLLECTOR'S EDITION – TZ'UTUJIIL MAYA, CH'OL MAYA & YUCATEC MAYA TRANSLATIONS

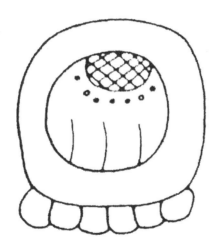

MATEO RUSSO AND SANDRA CHIGÜELA

1ST EDITION

(2019)

THE LOVE STORY OF A JAGUAR AND HIS FLOWER:

COLLECTOR'S EDITION – TZ'UTUJIIL MAYA, CH'OL MAYA & YUCATEC MAYA TRANSLATIONS

©1ST EDITION (2019)

B'AJLOM II NKOTZ'I'J PUBLICATIONS AND KDP PUBLISHING

THIS BOOK IS DEDICATED TO MY
BEAUTIFUL WIFE, SANDRA, AND OUR
FOUR BEAUTIFUL CHILDREN: CRISTEL,
EMILIO, ALEJANDRA, AND CAMILA

M.G.R

*THE FORMAT OF THIS BOOK IS TRILINGUAL IN ITS ENTIRETY FOR EACH OF THE THREE TRANSLATIONS OF THE ORIGINAL STORY:

MAYAN LANGUAGE < SPANISH < ENGLISH

Tz'utujiil Maya Translation

"Ja Ojer Tziij xiin Ojb'een rii'iil kixiin ja B'ajlom k'iin Rkotz'i'j"

"El Cuento del Amor del Jaguar y su Flor"

The Love Story of a Jaguar and his Flower

Mateo Russo and Sandra Chigüela

Translations by: Mateo Russo

Dedicado a nuestro amor...somos almas gemelas
por la eternidad.

Dedicated to our love...we are soul mates for
eternity.

- Mateo and Sandra

TZ'UTUJIIL MAYA (TZIJOB'AL) ADAPTATION

/

ADAPTACIÓN TZ'UTUJIIL TZIIJ

Santiago Atitlán, Sololá, Guatemala
C.A.

Neeli pa juun xoraal ruub'ii' Ixiimuleew...

Xk'e' juun B'ajlom qas nim. Jaa' rkoch'och'on qas rpoqonaal pa rk'asleem ii rb'aaqiil k'iin rpalaj k'o qas taq yuuk pa ja taq ch'aa'ooj chi jaa' ch'aa'oon k'iin jutaaj b'ajlom k'iin ja taq ajch'aa'ool chi xeepeeti wi pa ja qas taq tinaamiit rxiin winaq. Ja wa' B'ajlom choqojaa' ajch'aa'ool pro jaa' ajch'aa'ool kixiin konojeel ja taq chikop xiin k'achelaaj. Ja chikop pa ja k'achelaaj k'iin ja winaq pa ja qas tinaamiit xeexib'ej kii' chwaach ja wa' B'ajlom. Ja wa' B'ajlom ma' xxib'ej rii' ta majuun. Ja wa' B'ajlom ma' xxib'ej rii' ta chwaach ja kamiik.

Hace muchos años en un lugar se llama 'La Tierra del Maíz' [Guatemala]...

Había un Jaguar muy grande. Él había aguantado bien tantos sufrimientos en su vida y su cuerpo y su cara tenían muchas cicatrices por causa de todas las luchas que él ha luchado contra otros jaguares y guerreros que vinieron de los pueblos de los hombres. Este jaguar también era un guerrero, pero un guerrero de todos los animales de la selva. Los animales de la selva y la gente de los pueblos tenían miedo de este jaguar. Este jaguar no temía de nada y todavía él no tenía miedo de la muerte.

Many years ago, in a place called 'The Land of Corn' [Guatemala]...

There was a Jaguar that was very big. He had borne many sufferings in his life and his body and his face had many scars from all of the fights that he had had with other jaguars and warriors that came from the villages of man. This Jaguar also was a warrior, but a warrior of all of the creatures of the rainforest. The animals of the forest and the people from the villages were afraid of this jaguar. This Jaguar did not fear anything and as well, he did not fear death.

Pro ja wa' B'ajlom k'o qas b'iis oq'eej pa ja raanmo' rxiin B'ajlom. Jaa' xk'ase'e ronojeel ja rk'asleem ruuyoon. Jaa' ma' k'o ta juun axayiloom ma' jalaal. Ii jaa' ma' k'o ta juun alk'waalaxeel ma' jalaal. Ja raanmo' xti'ooni ma' xa k'o.

Pero este jaguar andaba con mucha tristeza en su corazón. Él vivía su vida de soledad. Él no había tenido ninguna esposa nunca. Y él nunca había tenido sus propios niños. El corazón le dolía a él mucho.

But this Jaguar always was very sad. He lived his life alone. He never had a wife and he never had children of his own. His heart hurt him very much.

Xer xraajo' juun axayiloom. Ii xer xraajo' juun alk'waalaxeel. Ja wa' B'ajlom k'o qas naa'ooj. Ja B'ajlom b'yajnaq pa qas taq uleep k'iin qas taq k'achelaaj ii jaa' tz'etoon qas taq naquun pa ja rk'asleem: taq naquun utz k'iin Itzel. Jaa' ojtaq'iin qas taq naquun pa' rk'asleem.

Él sólo quería una esposa. Y él sólo quería un hijo. Este jaguar tenía mucho conocimiento. El jaguar había viajado a muchas tierras y a muchas selvas y había visto muchas cosas en su vida: cosas buenas y malas. Él había aprendido mucho en su vida.

He wanted a wife. And he wanted children. This Jaguar had lots of knowledge. He had traveled to many lands and many forests and he had seen many things in his life: both good and bad. He had learned many things in his life.

Ja B'ajlom b'yajnaq qas taq junaa' ii xkanooj jun axayiloom. Ma' k'o ta jutaaj b'ajlom chi je'ee xkaajo' neek'eje' ruuk'iin ii je'ee xeeq'il kii' chee ja wa' B'ajlom.

El jaguar había viajado muchos años y él buscaba una esposa. Ningún otro jaguar quería estar con él y ellas lo evitaron.

The Jaguar had traveled many years and he sought a wife. None of the other jaguars wanted to be with him and they avoided him.

Ja B'ajlom xooq'i ma' xa k'o ii xti'ooni ja raanmo' ja B'ajlom. Jaa' ma' xkowiin xkoch'och'ooj ii jaa' ma' rojtaq ta chi jaa' xtuub'an na.

Juun aq'a' jaa' xb'ijni pa k'achelaaj ii jaa' xooq'i ii xooq'i k'iin xilixik raanmo'. Jaa' xtzub'e'e pa juun xoraal pa ja k'achelaaj chi k'o li qas taq tijko'm k'iin taq si'j.

El jaguar lloraba mucho y el corazón le dolía al jaguar. Él no lo podía aguantar bien y él no sabía lo que hacer.

Una noche él caminaba en la selva y él lloraba y lloraba con un corazón roto. Él se sentaba en un lugar en la selva que tenía muchas plantas y flores.

The Jaguar cried very much and his was hurting him. He couldn't bear it anymore and he didn't know what to do.

One night he was walking through the forest and was crying and crying with a broken heart. He was sitting in a part of the forest with many beautiful plants and flowers.

Ja wa' B'ajlom xooq'i ii xooq'i. Jaa' xuuch'ob' chi xtikam na chlaa' pa ja xoraal k'iin qas taq tijko'm k'iin taq si'j.

Jaa' xuutz'et chk'aaj ii jaa' xuutz'et ja nim iik' k'iin qas taq ch'uumiil.

Qas taq ri'al rwach xeetz'intz'ooti pa ja ruuq'aaq' ja nim iik' pa ja k'aaj.

Cheqe jalaal juun xlaa' qas ki' ja wa' B'ajlom xuusaq.

Ja B'ajlom ma rojtaq ta b'aarkii' xpeeti wi ja wa' ki' uxlaa'.

Jaa' xkanoni ii xkanoni...

Este jaguar lloraba y lloraba. Él pensaba que él iba a morir allá en el lugar con las plantas y las flores.

Él miraba el cielo y él vio la luna grande y las estrellas.

Muchas lágrimas brillaron en la luz de la luna.

De repente, el jaguar olía un aroma muy dulce.

El jaguar no sabía de dónde venía este aroma dulce.

Él buscaba y buscaba...

The Jaguar cried and cried. He thought that he would die in this place with all of the plants and flowers.

He watched the sky and saw the big beautiful moon and the many stars.

Many tears glistened in the light of the moon.

Suddenly, the Jaguar smelled a very sweet aroma.

The Jaguar did not know where this aroma came from.

He sought and he sought the source of this aroma...

Chla' pa ja tijko'm k'o li juun si'j. Ja si'j juun kaq si'j qas jab'el.

Ja xlaa' chi xpeeti wi chee ruutza'm ja B'ajlom qas ki'.

Xtzub'e'e pa rixkiin ja si'j ii xruutz'et k'iin qas rajtz'i'l.

Xtzub'e'e ii xtzub'e'e...

Allá entre las plantas había una flor. Una flor roja que era muy hermosa.

El aroma que llegó a la nariz del jaguar era muy dulce.

Él se sentaba al lado de la flor y él la miraba con mucho tierno.

Él se sentaba y él se sentaba...

There among the many plants there was a flower. A red flower that was very beautiful.

The aroma that the Jaguar smelled was very sweet.

He sat himself next to the flower and he watched the flower with affection.

Ja B'ajlom xruutz'et ii xruutz'et ja jab'el kaq si'j.

Pa ja ruuq'aaq' jar iik' ja rrejtz'ab'a'liil qas jab'el rxiin ja si'j xtz'intz'ooti pa ja rwach ja B'ajlom.

Ja wa' B'ajlom qas jwéerte k'iin nim xtzub'e'e nojeel ja aq'a' k'iin jab'el kaq si'j.

Ja B'ajlom xtzub'e'e k'iin jab'el kaq si'j pa qas taq q'iij.

El jaguar miraba y miraba la flor roja hermosa.

En la luz de la luna el color rojo muy hermoso brilló en los ojos del jaguar.

Este jaguar era muy fuerte y grande se sentaba toda la noche con esta flor roja hermosa.

Este jaguar se sentaba con la flor roja hermosa por muchos días.

The Jaguar watched and watched this beautiful red flower.

In the light of the moon the beautiful red color of the flower shined in the eyes of the Jaguar.

The Jaguar was very strong and big sitting all night next to this beautiful red flower.

The Jaguar sat there with the beautiful red flower and watched the flower for many days.

Ja q'iij xpeeti ii xel…

Ja aq'a' xpeeti ii xel…

Ii ja tyéempo xxik'aan.

Ja B'ajlom xuumaj chajixik ja si'j…

Toj ma xpeeti ja jab'…

Los días vinieron y se fueron…

Las noches vinieron y se fueron…

Y el tiempo volaba.

El jaguar comenzó a cuidar de la flor…

Cuando la lluvia no venía…

The days came and went...

The nights came and went...

And the time flew.

The Jaguar began to take care of the flower...

When the rains did not come...

Ja B'ajlom xuuk'am to ya' rxiin raqan ya' ii xruuyaa' chee ja jab'el kaq si'j.

Ja si'j xk'e' kaan qas jab'el toq ja tyéempo xiin junaa' qas chakiij xpeeti.

Ja B'ajlom nrajob'eej ja jab'el kaq si'j k'iin ronojeelaal ja raanmo'. Ja B'ajlom b'ojchi'iin k'iin jab'el kaq si'j.

El jaguar le trajo agua del río y se lo dio a la flor roja hermosa.

La flor se quedaba hermosa cuando los meses secos vinieron.

El jaguar amaba a esta flor roja hermosa con todo su corazón. El jaguar estaba enamorado de esta flor roja hermosa.

The Jaguar brought water from a nearby river and watered the beautiful red flower.

The flower remained beautiful even during the dry months.

The Jaguar loved this beautiful red flower with all of his heart. The Jaguar was in love with the beautiful red flower.

Ja B'ajlom xruukol ja jab'el kaq si'j chwaach jar itzel taq chikop chi xkaajo' xeetiij ja jab'el kaq si'j ii xeetur ja si'j.

Ja jab'el kaq si'j xk'e' kaan jab'el k'iin k'asli k'iin rkotz'i'jarnaq ii ruuxlaa' qas ki'. Ja si'j ma' mayamo'naq ma jalaal.

El jaguar le protegió a la flor roja hermosa de los animales malos que querían comerla y destruirla.

La flor roja hermosa se quedaba hermosa y viva y florecida y su aroma era dulce. La flor no se marchitó nunca.

The Jaguar protected the beautiful red flower from the other animals of the forest that wanted to eat and destroy the beautiful red flower.

The beautiful red flower remained beautiful and full of life and flourished and her aroma was sweet. The flower never wilted.

Ja B'ajlom xchajiij ja jab'el kaq si'j k'iin qas ojb'een rii'iil.

Ja jab'el kaq si'j Rkotz'i'j ja B'ajlom.

Juun q'iij ja k'aaj qejqu'marnaq ii xuumaj jab'iineem qas jwéerte ii xpeeti ja Q'eqal jab'.

El jaguar cuidaba de la flor roja hermosa con mucho amor.

La flor roja hermosa era la flor del jaguar.

Un día el cielo se hizo oscuro y comenzó a llover muy fuerte y venía un diluvio.

The Jaguar took care of the beautiful red flower with lots of love.

The beautiful red flower was the Jaguar's Flower.

One day the sky became dark and it began to rain very strong and the floods of the rainy season were coming.

Ja jab' xpeeti qas jwéerte ii ja taq ya' xeepeeti.

Ja B'ajlom rojtaq chi ma' xkowiin ta xruukol ja rkotz'i'j.

Jaa' xuutz'et ja taq ya' chi xeepeeti.

Jaa' xruutz'et ja rkotz'i'j k'iin taq ri'al rwach pa rwach.

Wi itzel naquun xok'owi chee ja rkotz'i'j...

Jaa' xraajo' xkam.

La lluvia venía muy fuerte y venían las aguas.

El jaguar sabía que él no pudo proteger su flor.

Él miraba las aguas que venían.

Él miraba su flor con lágrimas en sus ojos.

Si algo malo pasó a su flor...

Él preferió morir.

The rains came and were very strong and the many waters were coming.

The Jaguar knew that he could not protect his Flower.

He watched the many waters that were coming.

He watched his Flower with tears in his eyes.

If something bad were to happen to his Flower...

He preferred to die.

Jaa' xrajob'eej ja wa' jab'el kaq si'j Rkotz'i'j k'iin ronojeel raanmo'.

Ja B'ajlom xuub'aan chi xer juun naquun chi xkowiin.

Jaa' xsolkopiij ja rkotz'i'j chwaach ja rwuleep ronojeel ja tijk'om.

Él amaba a la flor roja hermosa su Flor con todo su corazón.

El jaguar hizo la única cosa que él sabía que él podía hacer.

Él sacó la flor y la planta entera de la tierra.

He loved the beautiful red flower with all of his heart.

The Jaguar did the only thing that he knew that he could do.

He pulled his Flower from the earth.

Jaa' xruukoj ja rkotz'i'j pa ja rwi' ii xb'atataaj rii'...

Ch'ajniim ii ch'ajniim xeepeet ja qas taq ya'...qas ch'ajniim...

Ja qas taq ya' qas nim xlaani xeepeeti ii knimarnaq.

Ja B'ajlom xb'atataaj rii'...

Ja B'ajlom xko'si ii xko'si...

Él puso su Flor encima de su cabeza y corrió...

Más rápido y más rápido vinieron las aguas...muy rápido...

Las aguas eran muy profundas y crecían más grande.

El jaguar corrió...

Y el jaguar corrió...

He placed his Flower on top of his head and ran...

Faster and faster came the many waters...very fast they were coming...

The many waters were very deep and they grew.

The Jaguar ran...

And the Jaguar ran...

Ja nim B'ajlom nimaaqiil k'iin qas jwéerte...

Jaa' ma' xkowiin xb'atataaj rii' maas.

Jaa' xpa'ji chwach ja rwuleep...

Qas ko'sik.

Jaa' xooq'i pro xer piki jaa' ma' xraajo' chi xkam ja rkotz'i'j.

Rkotz'i'j qas jab'el kaq si'j.

El jaguar lo más grande y muy fuerte...

Él no podía correr más...

Él se cayó al suelo...

Muy cansado.

Él lloraba, pero sólo porque él no quería que su Flor muera.

Su flor la flor roja hermosa.

The Jaguar very big and strong...

He couldn't run any more...

His body fell to the ground...

Very tired.

He cried, but only because he did not want that his Flower may die.

His beautiful red flower.

Ja taq ya' qas nim xlaani xeepeeti...

Ja taq ya' xeeb'ajn qas nim xlaani...

Ja B'ajlom xsi'owi ii xsi'owi...

Ja rwi' ja B'ajlom ma' xk'e' ta chuuxee' ja taq ya'
ii rkotz'i'j xuxlaan pa rwi' ja B'ajlom.

Ja B'ajlom xsi'owi i xsi'owi...

Las aguas muy profundas vinieron...

Las aguas se hicieron muy profundas...

El jaguar nadaba y nadaba...

La cabeza del jaguar no estuvo debajo de las aguas y su
Flor descansaba encima de su cabeza.

The many deep waters came...

The many waters were very deep...

The Jaguar swam and swam...

The head of the Jaguar remained above the many waters and his Flower rested on top of his head.

Pa qas taq q'iij ja B'ajlom xsi'owi pa kolooj ja rkotz'i'j. Jaa' ma' xraajo' chi ja rkotz'i'j xkam. Ja B'ajlom xko'si ii xko'si...

Rb'aaqiil ja B'ajlom xti'ooni...

K'o juun q'iij chi ja qas taq ya' xeetino'yari ii toj konojelaal ja qas taq ya' ktino'yarnaq...

Ja rb'aaqiil ja B'ajlom xuuchop chwaach ja rwuleep.

Ja B'ajlom kamnaq...

Por muchos días el jaguar nadaba para proteger su Flor. Él no quería que su flor muera. El jaguar nadaba y nadaba...

El cuerpo le dolía al jaguar...

Un día las aguas se disminuían y cuando todas las aguas se habían disminuido...

El cuerpo del jaguar llegó al suelo.

El jaguar hubo muerto.

For many days the Jaguar swam to protect his Flower. He did not want that his flower may die. The Jaguar swam and swam...

The body of the Jaguar hurt...

One day the many waters began to recede and when all of the many waters had left...

The body of the Jaguar landed on the solid ground.

The Jaguar had died.

Rb'aaqiil ja B'ajlom qas xilixik pa ch'aa'ooj ja qas taq ya' ii pa si'oweem pa qas taq q'iij.

Ja Rkotz'i'j ja B'ajlom xk'e' kaan xuxlaan pa rwi' ja B'ajlom.

Qas taq q'iij xee'ok'o...

Ja rkotz'i'j xk'iyari ii xk'iyari...

El cuerpo del jaguar estuvo roto por luchar contra las aguas y nadar por tantos muchos días.

Su Flor se quedaban encima de su cabeza y estaba descansando.

Muchos días pasaron...

Su flor crecía y crecía...

The body of the Jaguar was broken from fighting the many waters and from swimming for many days.

His Flower remained on top of his head and was resting.

Many days passed...

The Flower grew and grew...

Ja Rkotz'i'j ja B'ajlom xk'iyari chwaach ja rb'aaqiil ja B'ajlom.

Ja rb'aaqiil ja B'ajlom xuutzuq ja rkotz'i'j ii rkotz'i'j xkotz'i'jari ii xee'alaxi qas taq si'j…

Ii ketee' rkotz'i'j ja B'ajlom.

El Flor del jaguar crecía en el cuerpo del jaguar.

El cuerpo del jaguar alimentaba a su Flor y su Flor florecía y nacieron muchas floras…

La madre de esas flores era la Flor del jaguar.

The Jaguar's Flower grew on the body of the Jaguar.

The Jaguar's body fed his Flower and his Flower flourished and many flowers were born...

The mother of those flowers was the Jaguar's Flower.

Wakamiik ja xoraal b'aarkii' xkam ja B'ajlom juun nim kojol juyu' ii k'o li qas taq si'j chlaa'.

Ja Nim B'ajlom k'o qas taq raala'. Ja raala' ja B'ajlom qas jab'el...jab'el kaq taq si'j.

Ja Nim B'ajlom nk'e' kaan k'asli pa qas taq raala'.

Ahora el lugar donde murió el jaguar es un gran valle y hay muchas flores allá.

El gran jaguar tiene muchas descendientes. Sus niños son muy hermosos...son flores rojas hermosas.

El gran jaguar se queda vivo por sus niños.

Now the place where the Jaguar died is a great big valley and there are many flowers there.

The Great Jaguar had many descendants. His children are very beautiful...they are all beautiful red flowers.

The Great Jaguar remains alive through his many children.

Ch'ol Maya Translation

"Tsukul T'an cha'an K'uxbinel cha'an Bajläm yik'ot i Nichim"

"El Cuento de Amor del Jaguar y su Flor"

The Love Story of a Jaguar and his Flower

Mateo Russo and Sandra Chigüela

Translations by: Mateo Russo

Adaptación Ch'ol Maya

Dedicado a nuestro amor...somos almas gemelas por la eternidad.

Dedicated to our love...we are soulmates for eternity.

- Mateo and Sandra

CH'OL MAYA (LAK T'AN) ADAPTATION / ADAPTACIÓN LAK T'AN CH'OL

Tumbalá, Chiapas, México

Oniyi ti ajnibäl i k'ab'a Iximlum...

An Bajläm kolem. Jini tsi' lätä bajk'äl täk'äkña bäl tak ti' i kuxtälel yik'ot i bäk'taläl yik'ot i wut an bajk'äl lojweñal tak ti' lucha tak chuki jini luchado jujump'ejl k'iin yik'otob Bajläm tak yik'ot guerrero tak chuki tsi' talob ti' bajk'äl tejklum tak cha'an winik. Jini Bajläm ja'el jump'ejl guerrero pero jini guerrero cha'an laj bälmate'el tak cha'an ñojte'el. Bälmate'el tak ti' ñojte'el yik'ot winik ti' bäjk'al tejklum tak añob bajk'äl bäk'en cha'an jini Kolem Bajläm. Jini Bajläm mach anik chejachi. Jini Bajläm mach anik bäk'en chämel.

Hace muchos años en un lugar se llama 'La Tierra del Maíz' [Guatemala]...

Había un Jaguar muy grande. Él había aguantado bien tantos sufrimientos en su vida y su cuerpo y su cara tenían muchas cicatrices por causa de todas las luchas que él ha luchado contra otros jaguares y guerreros que vinieron de los pueblos de los hombres. Este jaguar también era un guerrero, pero un guerrero de todos los animales de la selva. Los animales de la selva y la gente de los pueblos tenían miedo de este jaguar. Este jaguar no temía de nada y todavía él no tenía miedo de la muerte.

Many years ago, in a place called 'The Land of Corn' [Guatemala]...

There was a Jaguar that was very big. He had borne well many sufferings in his life and his body and his face had many scars from all of the fights that he had had with other jaguars and warriors that came from the villages of man. This Jaguar also was a warrior, but a warrior of all of the creatures of the rainforest. The animals of the forest and the people from the villages were afraid of this jaguar. This Jaguar did not fear anything and as well, he did not fear death.

Pero jini Bajläm an bajk'äl ch'ijikniyel ti' i pusik'al cha'an Bajläm. Jini tsa' kuxtiyi laj i kuxtälel ti' ñojte'el kojach yik'ot ch'ijikniyel. Jini mach anik jump'ejl ijñam. Yik'ot jini mach anik p'eñelob. Tsi' k'uxu i pusik'al bajk'äl.

Pero este jaguar andaba con mucha tristeza en su corazón. Él vivía su vida de soledad. Él no había tenido ninguna esposa nunca. Y él nunca había tenido sus propios niños. El corazón le dolía a él mucho.

But this Jaguar always was very sad. He lived his life alone. He never had a wife and he never had children of his own. His heart hurt him very much.

Bajläm jach yom jump'ejl ijñam. Jach yom p'eñelob. Jini Bajläm tsi känä bajk'äl bäl tak. Bajläm xäntesam ti' bajk'äl lum yik'ot bajk'äl ñojte'el yik'ot jini Bajläm k'elem bajk'äl bäl tak ti' i kuxtälel: bäl tak uts yik'ot jontol. Jini Bajläm tsi' känä bajk'äl bäl tak ti' i kuxtälel.

Él sólo quería una esposa. Y él sólo quería un hijo. Este jaguar tenía mucho conocimiento. El jaguar había viajado a muchas tierras y a muchas selvas y había visto muchas cosas en su vida: cosas buenas y malas. Él había aprendido mucho en su vida.

He wanted a wife. And he wanted children. This Jaguar had lots of knowledge. He had traveled to many lands and many forests and he had seen many things in his life: both good and bad. He had learned many things in his life.

Jini Bajläm xäntesam ti' bajk'äl jab tak yik'ot tsi' tsi' säjka jump'ejl ijñam. Mach anik bajläm chuki yom ñusan kuxtälel yik'ot tsukul Bajläm. Jiñob mach yomobik ser yijñam cha'an tsukul Bajläm.

El jaguar había viajado muchos años y él buscaba una esposa. Ningún otro jaguar quería estar con él y ellas lo evitaron.

The Jaguar had traveled for many years and he sought a wife. None of the other jaguars wanted to be with him and they avoided him.

Bajläm tsa' yuk'ele bäjñel yik'ot tsi' k'uxu i pusik'al bäjñel. Jini ma'anix mejlik lät' yik'ot jini mach yujilik chuki jini mi kaj i ch'alen.

An jump'ejl ak'älel jini bajläm tsi' xäntesa ti' ñojte'el yik'ot jini tsa' yuk'ele yik'ot jini tsa' yuk'ele bäjñel yik'ot tokol pusik'al. Jini Bajläm tsi' buchle ti' jump'ejl ajnibäl ti' ñojte'el chuki an bajk'äl tsuy me' tak yik'ot t'ojol nichim tak.

El jaguar lloraba mucho y el corazón le dolía al jaguar. Él no lo podía aguantar bien y él no sabía lo que hacer.

Una noche él caminaba en la selva y él lloraba y lloraba con un corazón roto. Él se sentaba en un lugar en la selva que tenía muchas plantas y flores.

The Jaguar cried very much and his heart was hurting him. He couldn't bear it anymore and he didn't know what to do.

One night he was walking through the forest and was crying and crying with a broken heart. He was sitting in a part of the forest with many beautiful plants and flowers.

Jini Bajläm tsa' yuk'ele yik'ot tsa' yuk'ele bäjñel. Jini Bajläm tsi' ña'ta chuki mi kaj i ch'äm ya' ti' ajnibäl yik'ot bajk'äl tsuy me' tak yik'ot t'ojol nichim tak.

Jini Bajläm tsi' k'ele ti' chan, jini tsi' k'ele colem pomol uw yik'ot bajk'äl ek' tak.

Bajk'äl ya'lel lak wut tak brillaron ti' k'ajk cha'an t'ojol pomol uw ti' chan.

Tsi' ñusa chuki ja Bajläm tsi' sik'i jump'ejl chäb ujts'il.

Jini Bajläm mach yujilik bak' an jini nichim chuki tsi' talä jini chäb ujts'il.

Jini Bajläm tsi' sajka yik'ot tsi' sajka...

Este jaguar lloraba y lloraba. Él pensaba que él iba a morir allá en el lugar con las plantas y las flores.

Él miraba el cielo y él vio la luna grande y las estrellas.

Muchas lágrimas brillaron en la luz de la luna.

De repente, el jaguar olía un aroma muy dulce.

El jaguar no sabía de dónde venía este aroma dulce.

Él buscaba y buscaba...

The Jaguar cried and cried. He thought that he would die in this place with all of the plants and flowers.

He watched the sky and saw the big beautiful moon and the many stars.

His many tears glistened in the light of the moon.

Suddenly, the Jaguar smelled a very sweet aroma.

The Jaguar did not know where this aroma came from.

He sought and he sought the source of this aroma...

Ya' ti' jump'ejl ajnibäl yik'ot bajk'äl tsuy me' tak, an jump'ejl nichim. Jini nichim jump'ejl t'ojol chäkwa'an nichim.

Ujts'il chuki tsi' talä ti' i ni' cha'an Bajläm chäb ujts'il.

Tsi' buchle ti' t'ejl cha'an t'ojol chäkwa'an nichim yik'ot jini Bajläm tsi' chänta jini t'ojol nichim yik'ot bajk'äl k'uxbinel.

Tsi' buchle yik'ot tsi' buchle...

Allá entre las plantas había una flor. Una flor roja que era muy hermosa.

El aroma que llegó a la nariz del jaguar era muy dulce.

Él se sentaba al lado de la flor y él la miraba con mucho tierno.

Él se sentaba y él se sentaba...

There among the many plants there was a flower. A red flower that was very beautiful.

The aroma that the Jaguar smelled was very sweet.

He sat himself next to the flower and he watched the flower with affection.

Jini Bajläm tsi' chänta jini t'ojol chäkwa'an nichim.

Ti' k'ajk cha'an kolem pomol uw bojnil cha'an jini t'ojol chäkwa'an nichim brilló ti' i wut tak cha'an jini Bajläm.

Jini Bajläm ch'ejl bajläm yik'ot kolem bajläm tsi' buchle lak ak'älel yik'ot jini t'ojol chäkwa'an nichim.

Jini Bajläm tsi' buchle yik'ot jini t'ojol chäkwa'an nichim ti' bajk'äl k'iin tak.

El jaguar miraba y miraba la flor roja hermosa.

En la luz de la luna el color rojo muy hermoso brilló en los ojos del jaguar.

Este jaguar era muy fuerte y grande se sentaba toda la noche con esta flor roja hermosa.

Este jaguar se sentaba con la flor roja hermosa por muchos días.

The Jaguar watched and watched this beautiful red flower.

In the light of the moon the beautiful red color of the flower shined in the eyes of the Jaguar.

The Jaguar was very strong and big sitting all night next to this beautiful red flower.

The Jaguar sat there with the beautiful red flower and watched the flower for many days.

K'iin tsi' talä yik'ot tsi' loki...

Ak'älel tsi' talä yik'ot tsi' loki...

Tiempojlel tsi' wejli.

Jini Bajläm tsi' känta jini nichim...

Che' bä ma'anix tsi' talä ja'al tak...

Los días vinieron y se fueron...

Las noches vinieron y se fueron...

Y el tiempo volaba.

El jaguar comenzó a cuidar de la flor...

Cuando la lluvia no venía...

The days came and went...

The nights came and went...

And the time flew.

The Jaguar began to take care of the flower...

When the rains did not come...

Jini Bajläm tsi' ch'ämä tilel ja' cha'an ñojpa' yik'ot tsi' yak'ä jini ja' ti' t'ojol chäkwa'an nichim.

Nichim mi kälel che' bä tiempojlel cha'an jab yik'ot chäkbulan tsi' talä.

Jini Bajläm tsi' k'uxbi jini t'ojol chäkwa'an nichim yik'ot lak i pusik'al. Jini Bajläm pejkam yik'ot lak i pusik'al yik'ot jini t'ojol chäkwa'an nichim.

El jaguar le trajo agua del río y se lo dio a la flor roja hermosa.

La flor se quedaba hermosa cuando los meses secos vinieron.

El jaguar amaba a esta flor roja hermosa con todo su corazón. El jaguar estaba enamorado de esta flor roja hermosa.

The Jaguar brought water from a nearby river and watered the beautiful red flower.

The flower remained beautiful even during the dry months.

The Jaguar loved this beautiful red flower with all of his heart. The Jaguar was in love with the beautiful red flower.

Jini Bajläm tsi' loto jini t'ojol chäkwa'an che' bä an yambä bälmate'el tak chuki yomob k'ux jini t'ojol chäkwa'an nichim yik'ot yomob jisan jini t'ojol chäkwa'an nichim.

T'ojol chäkwa'an nichim tsi' käli t'ojol yik'ot mi kuxtiyel yik'ot chäb yujts'il. Nichim ma'anix tsi' chämi pero tsi' kuxtiyi uts'at.

El jaguar le protegió a la flor roja hermosa de los animales malos que querían comerla y destruirla.

La flor roja hermosa se quedaba hermosa y viva y florecida y su aroma era dulce. La flor no se marchitó nunca.

The Jaguar protected the beautiful red flower from the other animals of the forest that wanted to eat and destroy her.

The beautiful red flower remained beautiful and full of life and flourished and her aroma was sweet. The flower never wilted.

Jini Bajläm tsi' känta jini t'ojon chäkwa'an nichim yik'ot bajk'al k'uxbinel.

Jini t'ojol chäkwa'an nichim an i nichim cha'an jini tsukul kolem Bajläm.

Jump'ejl k'iin, chan i'ik'ax yik'ot ja'al tak tsi' talob.

El jaguar cuidaba de la flor roja hermosa con mucho amor.

La flor roja hermosa era la flor del jaguar.

Un día el cielo se hizo oscuro y comenzó a llover muy fuerte y venía un diluvio.

The Jaguar took care of the beautiful red flower with lots of love.

The beautiful red flower was the Jaguar's Flower.

One day the sky became dark and it began to rain very strong and the floods of the rainy season were coming.

Ja'al tak tsi' talob yik'ot wersa yik'ot ja' tak tsi' talob.

Jini Bajläm yujil chuki ma'anix mejli lot t'ojol i nichim.

Jini Bajläm tsi' k'ele ja' tak chuki tsi' talob.

Jini Bajläm tsi' k'ele t'ojol i nichim yik'ot ya'lel lak wut ti' i wut tak.

An ku kolosojlel tsi' ñusa yik'ot t'ojol chäkwa'an i nichim...

Jini Bajläm yom chämel.

La lluvia venía muy fuerte y venían las aguas.

El jaguar sabía que él no pudo proteger su flor.

Él miraba las aguas que venían.

Él miraba su flor con lágrimas en sus ojos.

Si algo malo pasó a su flor...

Él prefirió morir.

The rains came and were very strong and the many waters were coming.

The Jaguar knew that he could not protect his Flower.

He watched the many waters that were coming.

He watched his Flower with tears in his eyes.

If something bad were to happen to his Flower...

He preferred to die.

Jini Bajläm tsi' k'uxbi jini t'ojol chäkwa'an i nichim yik'ot lak i pusik'al.

Jini Bajläm tsi' ch'ale chuki jach yujil chuki jini tsi' mejli ch'alen.

Jini Bajläm tsi' lok'o lak i nichim cha'an lum yik'ot tsi' ch'amä t'ojol chäkwa'an i nichim.

Él amaba a la flor roja hermosa su Flor con todo su corazón.

El jaguar hizo la única cosa que él sabía que él podía hacer.

Él sacó la flor y la planta entera de la tierra.

He loved the beautiful red flower with all of his heart.

The Jaguar did the only thing that he knew that he could do.

He pulled his Flower from the earth.

Jini Bajläm tsi' k'äkchoko i nichim ti' i jol yik'ot jini tsa' yajñi...

Tsa' yajñi... tsa' yajñi yik'ot ja' tak tsi' talob... tsi' talob...

Ja' tak tsi' talob yik'ot tsi' koli.

Jini Bajläm tsa' yajñi...

Jini Bajläm tsi' ñuxiji yik'ot tsi' ñuxiji...

Él puso su Flor encima de su cabeza y corrió...

Más rápido y más rápido vinieron las aguas...muy rápido...

Las aguas eran muy profundas y crecían más grande.

El jaguar corrió...

El jaguar corrió...

He placed his Flower on top of his head and ran...

Faster and faster came the many waters...very fast they were coming...

The many waters were very deep and they grew.

The Jaguar ran...

The Jaguar ran...

Jini kolem ch'ejl Bajläm...

Ma'anix mejli yajñel bej.

Jini Bajläm tsi' yajli ti' lum...

An bajk'äl lujbel.

Jini Bajläm tsa' yuk'ele pero jach kome jini mach yomik chuki t'ojol chäkwa'an i nichim chämik.

I nichim t'ojol yik'ot chakwa'an.

El jaguar lo más grande y muy fuerte...

Él no podía correr más...

Él se cayó al suelo...

Muy cansado.

Él lloraba, pero sólo porque él no quería que su Flor muera.

Su flor la flor roja hermosa.

The Jaguar very big and strong...

He couldn't run any more...

His body fell to the ground...

Very tired.

He cried, but only because he did not want that his Flower may die.

His beautiful red flower.

Ja' tak tsi' talob...

Ja' tak tsi' koliyob...

Jini Bajläm tsi' yajñi yik'ot tsi' yajñi...

I jol cha'an jini Bajläm mach anik entäl ja' tak yik'ot i nichim tsi' k'ajä la ko i pamlel i jol cha'an jini Bajläm.

Jini Bajläm tsa' yajñi yik'ot tsa' yajñi...

Las aguas muy profundas vinieron...

Las aguas se hicieron muy profundas...

El jaguar nadaba y nadaba...

La cabeza del jaguar no estuvo debajo de las aguas y su Flor descansaba encima de su cabeza.

The many deep waters came...

The many waters were very deep...

The Jaguar swam and swam...

The head of the Jaguar remained above the many waters and his Flower rested on top of his head.

Bajläm tsa' yajñi bajk'äl k'iin tak kome jini Bajläm yom koltan t'ojol chäkwa'an i nichim. Jini Bajläm mach yomik chuki i nichim chämik. Jini Bajläm tsi' yajñi yik'ot tsi' yajñi...

I bäk'taläl cha'an jini Bajläm tsi' k'uxu...

An jump'ejl k'iin chuki ja' tak tsa' kaji lokelob yik'ot tsi' lokiyob yik'ot tsi' lokiyob

I bäk'taläl cha'an Bajläm tsi' t'älä lum.

Jini Bajläm chämen...

Por muchos días el jaguar nadaba para proteger su Flor. Él no quería que su flor muera. El jaguar nadaba y nadaba...

El cuerpo le dolía al jaguar...

Un día las aguas se disminuían y cuando todas las aguas se habían disminuido...

El cuerpo del jaguar llegó al suelo.

El jaguar hubo muerto.

For many days the Jaguar swam to protect his Flower. He did not want that his flower may die. The Jaguar swam and swam...

The body of the Jaguar hurt...

One day the many waters began to recede and when all of the many waters had left...

The body of the Jaguar landed on the solid ground.

The Jaguar had died.

I bäk'taläl cha'an jini Bajläm tokol kome tsa' yajñi tsäts ti' k'iin tak yik'ot ti' ak'älel tak.

I nichim cha'an jini Bajläm tsi' käli t'ojol yik'ot tsi' k'aji la ko i pamlel i jol cha'an jini Bajläm.

Bajk'äl k'iin tak tsi' ñusa...

I nichim cha'an jini Bajläm tsi' koli yik'ot tsi' koli...

El cuerpo del jaguar estuvo roto por luchar contra las aguas y nadar por tantos muchos días.

Su Flor se quedaban encima de su cabeza y estaba descansando.

Muchos días pasaron...

Su flor crecía y crecía...

The body of the Jaguar was broken from fighting the many waters and from swimming for many days.

His Flower remained on top of his head and was resting.

Many days passed...

The Flower grew and grew...

I nichim cha'an jini Bajläm tsi' koli cha'an i bäk'taläl cha'an jini Bajläm.

Bäk'taläl cha'an jini Bajläm tsi' buk'sa jini t'ojol chäkwa'an i nichim yik'ot i nichim tsi' koli yik'ot tsi' koli yik'ot tsi' ch'ok'antiyob ajt'alob bajk'äl nichim tak.

I ña'ob an t'ojol chäkwa'an i nichim cha'an jini Bajläm.

El Flor del jaguar crecía en el cuerpo del jaguar.

El cuerpo del jaguar alimentaba a su Flor y su Flor florecía y nacieron muchas floras...

La madre de esas flores era la Flor del jaguar.

The Jaguar's Flower grew on the body of the Jaguar.

The Jaguar's body fed his Flower and his Flower flourished and many flowers were born...

The mother of those flowers was the Jaguar's Flower.

Wäle jini ajnibäl bak' tsi' chämi jinni Kolem Bajläm jump'ejl kolem joktäl yik'ot an bajk'äl nichim tak ya'.

Jini Kolem Bajläm an bajk'äl i p'eñelob'. I p'eñelob cha'an jini Kolem Bajläm t'ojol... jiñob t'ojol chäkwa'an nichim tak.

Kolem Bajläm mi kälel kuxul cha'an bajk'äl i p'eñelob.

Ahora el lugar donde murió el jaguar es un gran valle y hay muchas flores allá.

El gran jaguar tiene muchas descendientes. Sus niños son muy hermosos...son flores rojas hermosas.

El gran jaguar se queda vivo por sus niños.

Now the place where the Jaguar died is a great big valley and there are many flowers there.

The Great Jaguar had many descendants. His children are very beautiful...they are all beautiful red flowers.

The Great Jaguar remains alive through his many children.

Yucatec Maya Translation

Ch'ija'an T'an u Yaamajo'ob Baalam yetel u Nikte'

"El Cuento de Amor del Jaguar y su Flor"

The Love Story of a Jaguar and his Flower

Mateo Russo and Sandra Chigüela

Translations by: Mateo Russo

Adaptación Yucateca (Maayat'aan)

Dedicado a nuestro amor...somos almas gemelas por la eternidad.

Dedicated to our love...we are soul mates for eternity.

-   Mateo and Sandra

Yucatec Maya (Maayat'aan) Adaptation / Adaptación Yucateca (Maayat'aan)

Península de Yucatán, México

Ti' jump'el uuchben k'iin ti' jump'el kaajtal u q'aba' Xi'imlu'um...

Yaan juntuul Baalam jach nojoch. Tzu' kajtaal yetel ya'ab yaajob yetel u winkiil yaan ti'e ya'ab ch'ija'an loobob tumen yaan jach ya'ab ba'te'elob ka'aj tz'ok u ba'te'el yetelo'ob laak' baalam yetel jach ya'ab wiinikob ka'aj taalo'ob ti' u kaajo'ob wiinikob. Le Baalama' jool ba'alche'ob ti' k'aax yaan ti'o'ob sajkil tumen le Baalama' jach nojoch yetel chich. Le Wiinikoba' ti' u kaajob winiikob xan yaan ti'o'ob sajkil. Ma' yaani sajkil ti u puksi'ik'al le Baalama' waaj kiimik.

Hace muchos años en un lugar se llama 'La Tierra del Maíz' [Guatemala]…

Había un Jaguar muy grande. Él había aguantado bien tantos sufrimientos en su vida y su cuerpo y su cara tenían muchas cicatrices por causa de todas las luchas que él ha luchado contra otros jaguares y guerreros que vinieron de los pueblos de los hombres. Este jaguar también era un guerrero, pero un guerrero de todos los animales de la selva. Los animales de la selva y la gente de los pueblos tenían miedo de este jaguar. Este jaguar no temía de nada y todavía él no tenía miedo de la muerte.

Many years ago, in a place called 'The Land of Corn' [Guatemala]...

There was a Jaguar that was very big. He had borne well many sufferings in his life and his body and his face had many scars from all of the fights that he had had with other jaguars and warriors that came from the villages of man. This Jaguar also was a warrior, but a warrior of all of the creatures of the rainforest. The animals of the forest and the people from the villages were afraid of this jaguar. This Jaguar did not fear anything and as well, he did not fear death.

Pero le Baalama' yaan ti'e jach ya'ab k'i'inam ti' u puksi'ik'al. Tzu' kajtal jool u kuxtal xma' juntuul atan. Ma' yaani ti'e paalob. Tzu' tz'iiboltik juntuul pamiilya yetel xan ka'aj yuumi. Yaan ti'e jach ya'ab yaaj ti' u puksi'ik'al.

Pero este jaguar andaba con mucha tristeza en su corazón. Él vivía su vida de soledad. Él no había tenido ninguna esposa nunca. Y él nunca había tenido sus propios niños. El corazón le dolía a él mucho.

But this Jaguar always was very sad. He lived his life alone. He never had a wife and he never had children of his own. His heart hurt him very much.

Le Baalama' u k'aat juntuul atan. U k'aat paalob. U k'aat juntuul pamiilya. Le Balama' tzu' kanik jach ya'ab ba'alob ti' le kaaba'. Tzu' tz'iiboltik u ka'ansiko'ob u paalob jool ba'alob ka'aj tzu' kanik ti' u kuxtal. Le Baalama' tz'ok u binel jach ya'ab kajtaalob yetel jach ya'ab k'aaxob yetel jach ya'ab witzob ti' u kuxtal; xan tzu' yilik jach ya'ab ba'alob: Utz ba'alob yetel k'aas ba'alob. Tzu' kanik jach ya'ab ba'alob ti' u kuxtal.

Él sólo quería una esposa. Y él sólo quería un hijo. Este jaguar tenía mucho conocimiento. El jaguar había viajado a muchas tierras y a muchas selvas y había visto muchas cosas en su vida: cosas buenas y malas. Él había aprendido mucho en su vida.

He wanted a wife. And he wanted children. This Jaguar had lots of knowledge. He had traveled to many lands and many forests and he had seen many things in his life: both good and bad. He had learned many things in his life.

Le Baalama' tzu' xiimbal ti' jach ya'ab ja'abob. Tzu' kaxtik juntuul atan tumen tzu' tz'iiboltik juntuul pamiilya. Ma' yaani laak' baalam ka'aj tzu' yakuntiko'ob le baalama' yetel ma' tzu' tz'iiboltiko'ob u tz'o'okolo'ob beel yetele le baalama'.

El jaguar había viajado muchos años y él buscaba una esposa. Ningún otro jaguar quería estar con él y ellas lo evitaron.

The Jaguar had traveled for many years and he sought a wife. None of the other jaguars wanted to be with him and they avoided him.

Le Baalama' tzu' yok'ol yetel u puksi'ik'al yaan ti'e jach ya'ab yaaj. Mu' pat u yutzkiintik kaacha'al u puksi'ik'al. Mu' wojel ka'aj k'aabet u beetik.

Yaan jump'el ak'ab ka'aj tzu' xiimbal ti' k'aax yetel tzu' yok'ol yetel kaacha'al puksi'ik'al. Kulchaji ti' k'aax tu'ux yaan jach ya'ab pak'alob yetel jach ya'ab nikte'ob.

El jaguar lloraba mucho y el corazón le dolía al jaguar. Él no lo podía aguantar bien y él no sabía lo que hacer.

Una noche él caminaba en la selva y él lloraba y lloraba con un corazón roto. Él se sentaba en un lugar en la selva que tenía muchas plantas y flores.

The Jaguar cried very much and his heart was hurting him. He couldn't bear it anymore and he didn't know what to do.

One night he was walking through the forest and was crying and crying with a broken heart. He was sitting in a part of the forest with many beautiful plants and flowers.

Le Baalama' tzu' yok'ol jool ak'ab. Tzu' tuukul ka'aj kiimik ti' k'aax ti' kajtaal yetelo'ob jach ya'ab pak'alob yetel jach ya'ab nikte'ob.

La Baalama' tzu' yilik ka'an yetel tzu' yilik nojoch jatz'utz le uwo' yetel jach ya'ab eek'ob ti' ka'an ti' ak'ab.

Jach ya'ab u ja'ob ich tzu' luk'ulo'ob u yichob yetel brillaron ti' u saasil uw.

Le Baalama' tzu' yu'yik jump'el ch'ujuk bok ti' kaax.

Mu' wojel le Baalama' le kajtaal tu'ux tzu' taal le boko'.

Tzu' kaxtik le Baalama' le boko'.

Este jaguar lloraba y lloraba. Él pensaba que él iba a morir allá en el lugar con las plantas y las flores.

Él miraba el cielo y él vio la luna grande y las estrellas.

Muchas lágrimas brillaron en la luz de la luna.

De repente, el jaguar olía un aroma muy dulce.

El jaguar no sabía de dónde venía este aroma dulce.

Él buscaba y buscaba...

The Jaguar cried and cried. He thought that he would die in this place with all of the plants and flowers.

He watched the sky and saw the big beautiful moon and the many stars.

His many tears glistened in the light of the moon.

Suddenly, the Jaguar smelled a very sweet aroma.

The Jaguar did not know where this aroma came from.

He sought and he sought the source of this aroma...

Ti' pak'alob yaan jump'el nikte'.
Jump'el chak nikte' ka'aj jach jatz'utz.

U bok nikte' ka'aj tzu' k'uchul ti' u ni'
Baalam jump'el bok jach ch'ujuk.

Le Baalama' kulchaji ti' u tzeel jatz'utz
chak nikte'.

Kulchaji yetel kulchaji...

Allá entre las plantas había una flor.
Una flor roja que era muy hermosa.

El aroma que llegó a la nariz del jaguar
era muy dulce.

Él se sentaba al lado de la flor y él la
miraba con mucho tierno.

Él se sentaba y él se sentaba...

There among the many plants there was a flower. A red flower that was very beautiful.

The aroma that the Jaguar smelled was very sweet.

He sat himself next to the flower and he watched the flower with affection.

Le Baalama' tzu' yilik yetel tzu' yilik jatz'utz chak le nikte'a'.

Ti' u saasil uw, u jatz'utzil chak nikte' brilló ti' u yichob Baalam.

Le Baalama' jach chich yetel jach nojoch kulchaji ti' u tzeel jatz'utz chak le nikte'a'.

Le Baalama' kulchaji yetel jatz'utz chak le nikte'a' ti' jach ya'ab k'iinob.

El jaguar miraba y miraba la flor roja hermosa.

En la luz de la luna el color rojo muy hermoso brilló en los ojos del jaguar.

Este jaguar era muy fuerte y grande se sentaba toda la noche con esta flor roja hermosa.

Este jaguar se sentaba con la flor roja hermosa por muchos días.

The Jaguar watched and watched this beautiful red flower.

In the light of the moon the beautiful red color of the flower shined in the eyes of the Jaguar.

The Jaguar was very strong and big sitting all night next to this beautiful red flower.

The Jaguar sat there with the beautiful red flower and watched the flower for many days.

Jach ya'ab k'iinob taalo'ob yetel tzu' bino'ob...

Jach ya'ab ak'ab taalo'ob yetel tzu' bino'ob...

K'iin tzu' jook'ol seeb.

Le Baalama' jo'op u kanantik jatz'utz chak u nikte'...

Ka'aj ma' taali chaak...

Los días vinieron y se fueron...

Las noches vinieron y se fueron...

Y el tiempo volaba.

El jaguar comenzó a cuidar de la flor...

Cuando la lluvia no venía...

The days came and went...

The nights came and went...

And the time flew.

The Jaguar began to take care of the flower...

When the rains did not come...

Le Baalama' tzu' taasik ti'e u nikte' ja'
ka'aj naatz' k'aax.

Le nikte'a' tzu' p'aatal jach jatz'utz
yetel ma' tzu' kiimil ti' tikin k'iinob
taalo'ob ti' le k'aaxo'.

Le Baalama' tzu' yakuntiki jatz'utz
chak u nikte' yetel jool u puksi'ik'al.

El jaguar le trajo agua del río y se lo dio a la flor roja hermosa.

La flor se quedaba hermosa cuando los meses secos vinieron.

El jaguar amaba a esta flor roja hermosa con todo su corazón. El jaguar estaba enamorado de esta flor roja hermosa.

The Jaguar brought water from a nearby river and watered the beautiful red flower.

The flower remained beautiful even during the dry months.

The Jaguar loved this beautiful red flower with all of his heart. The Jaguar was in love with the beautiful red flower.

Le Baalama' tzu' ta'akik jatz'utz chak u nikte' ka'aj ba'alche'ob ti' k'aax tz'ok u tz'iiboltiko'ob u hantiko'obi yetel k'aat u kiinsiko'obi jatz'utz chak le nikte'a'...

Jatz'utz chak le nikte'a' tzu' p'aatal jach jatz'utz yetel jach kuxa'an yetel ma' tz'ok u kiimil.

El jaguar le protegió a la flor roja hermosa de los animales malos que querían comerla y destruirla.

La flor roja hermosa se quedaba hermosa y viva y florecida y su aroma era dulce. La flor no se marchitó nunca.

The Jaguar protected the beautiful red flower from the other animals of the forest that wanted to eat and destroy her.

The beautiful red flower remained beautiful and full of life and flourished and her aroma was sweet. The flower never wilted.

Le Baalama' tzu' kanantik ti'e jatz'utz chak u nikte' yetel jach ya'ab yaamaj.

Jatz'utz chak le nikte'a' u nikte' ch'ija'an nojoch Baalam.

Jump'el k'iin, ka'an nookoychaji yetel taalo'ob chaakob jach chich yetel taalo'ob jach ya'ab ja'ob.

El jaguar cuidaba de la flor roja hermosa con mucho amor.

La flor roja hermosa era la flor del jaguar.

Un día el cielo se hizo oscuro y comenzó a llover muy fuerte y venía un diluvio.

The Jaguar took care of the beautiful red flower with lots of love.

The beautiful red flower was the Jaguar's Flower.

One day the sky became dark and it began to rain very strong and the floods of the rainy season were coming.

Le chaakoba' taalo'ob jach chich yetel taalo'ob ja'ob seeb yetel chich.

Le Baalama' tz'ok u wojel ka'aj mu' pati u ta'akik ti'e jatz'utz chak u nikte'.

Le Baalama' tzu' yiliko'ob le ja'ob ka'aj taalo'ob.

Le Baalama' tzu' yiliki jatz'utz chak u nikte' yetel u ja'ob ich ti' u yichob.

Waaj k'aas tzu' uuchul ti'e jatz'utz chak u nikte'...

Le Baalama' k'aat u kiimil.

La lluvia venía muy fuerte y venían las aguas.

El jaguar sabía que él no pudo proteger su flor.

Él miraba las aguas que venían.

Él miraba su flor con lágrimas en sus ojos.

Si algo malo pasó a su flor...

Él preferió morir.

The rains came and were very strong and the many waters were coming.

The Jaguar knew that he could not protect his Flower.

He watched the many waters that were coming.

He watched his Flower with tears in his eyes.

If something bad were to happen to his Flower...

He preferred to die.

Le Baalama' tzu' yakuntiki jatz'utz
chak u nikte' yetel jool u puksi'ik'al.

Le Baalama' tzu' beetik ka'aj tz'ok u
wohel ka'aj k'aabeet u beetik.

Le Baalama' tzu' paaytiki jatz'utz chak
u nikte' yetel u muutz'ob jatz'utz chak
nikte' tzu' luk'ulo'ob lu'um.

Él amaba a la flor roja hermosa su Flor con todo su corazón.

El jaguar hizo la única cosa que él sabía que él podía hacer.

Él sacó la flor y la planta entera de la tierra.

He loved the beautiful red flower with all of his heart.

The Jaguar did the only thing that he knew that he could do.

He pulled his Flower from the earth.

Le Baalama' tzu' tz'iik jatz'utz chak u nikte' ti' u jo'ol Baalam yetel le Baalama' tzu' yaalkab...

Tzu' yaalkab... Tzu' yaalkab yetel jach ya'ab ja'ob taalo'ob yetel taalo'ob seeb...

Jach ya'ab ja'ob taalo'ob seeb... taamo'ob.

Le Baalama' tzu' yaalkab seeb...

Le Baalama' tzu' seekuntik yetel tzu' yaalkab...

Él puso su Flor encima de su cabeza y corrió...

Más rápido y más rápido vinieron las aguas...muy rápido...

Las aguas eran muy profundas y crecían más grande.

El jaguar corrió...

El jaguar corrió...

He placed his Flower on top of his head and ran...

Faster and faster came the many waters...very fast they were coming...

The many waters were very deep and they grew.

The Jaguar ran...

The Jaguar ran...

Le Baalama' jach chich yetel jach nojoch...

Mu' pati u yaalkab maas.

Le Baalama' tzu' luubul ti' lu'um...

Ka'ana'ane le Baalama'.

Le Baalama' tzu' yok'ol pero tumen le Baalama' mu' k'aat ka'aj jatz'utz chak u nikte kiimik.

U nikte' jatz'utz chak u nikte.

El jaguar lo más grande y muy fuerte...

Él no podía correr más...

Él se cayó al suelo...

Muy cansado.

Él lloraba, pero sólo porque él no quería que su Flor muera.

Su flor la flor roja hermosa.

The Jaguar very big and strong...

He couldn't run any more...

His body fell to the ground...

Very tired.

He cried, but only because he did not want that his Flower may die.

His beautiful red flower.

Le ja'oba' taalo'ob...

Le ja'oba' taalo'ob yetel taamo'ob...

La Baalama' tzu' baab yetel tzu'
baab...

Le Baalama' mu' cha'ik ka'aj ja'ob tzu'
to'ik u jo'ol yetel u nikte' tzu' je'elel ti'
u jo'ol Baalam.

Le Baalama' tzu' baab yetel tzu'
baab...

Las aguas muy profundas vinieron...

Las aguas se hicieron muy profundas...

El jaguar nadaba y nadaba...

La cabeza del jaguar no estuvo debajo
de las aguas y su Flor descansaba
encima de su cabeza.

The many deep waters came...

The many waters were very deep...

The Jaguar swam and swam...

The head of the Jaguar remained above the many waters and his Flower rested on top of his head.

Ti' jach ya'ab k'iin tzu' baab le Baalama' tumen k'aat u ta'akik u nikte'. Mu' k'aat ka'aj u nikte' kiimik. Le Baalama' tzu' baab yetel tzu' baab...

U wiinkil le Baalama' tzu' chi'ibal yetel le Baalama' ka'ana'ane...

Yaan jump'el k'iin ka'aj le ja'obo' kaabalchajo'ob yetel jool jach ya'ab ja'ob kaabalchajo'ob...

U wiinkil le Baalama' tzu' k'uchul ti' lu'um.

Le Baalama' kimen...

Por muchos días el jaguar nadaba para proteger su Flor. Él no quería que su flor muera. El jaguar nadaba y nadaba...

El cuerpo le dolía al jaguar...

Un día las aguas se disminuían y cuando todas las aguas se habían disminuido...

El cuerpo del jaguar llegó al suelo.

El jaguar hubo muerto.

For many days the Jaguar swam to protect his Flower. He did not want that his flower may die. The Jaguar swam and swam...

The body of the Jaguar hurt...

One day the many waters began to recede and when all of the many waters had left...

The body of the Jaguar landed on the solid ground.

The Jaguar had died.

U wiinkil le Baalama' kaacha'al tumen tzu' ba'te'el ti'o'ob jach ya'ab le ja'obo' ti' jach ya'ab k'iinob yetel ak'abob.

U nikte' tzu' p'aatal ti' u jo'ol le Baalama' yetel u nikte' tzu' je'elel.

Jach ya'ab k'iinob taalo'ob yetel tzu' bino'ob...

U nikte' tzu' yaalak'tik yetel tzu' yaalak'tik...

El cuerpo del jaguar estuvo roto por luchar contra las aguas y nadar por tantos muchos días.

Su Flor se quedaban encima de su cabeza y estaba descansando.

Muchos días pasaron...

Su flor crecía y crecía...

The body of the Jaguar was broken from fighting the many waters and from swimming for many days.

His Flower remained on top of his head and was resting.

Many days passed...

The Flower grew and grew...

U nikte' le Baalamo' tzu' yaalak'tik ti'
u kimen wiinkil le Baalamo'.

U wiinkil le Baalamo' tzu' tzeentik
jatz'utz chak u nikte le Baalamo' yetel
u nikte' tzu' yaalak'tik yetel tzu'
siijilo'ob jach ya'ab jatz'utz chak
nikte'ob. U paalob jatz'utz chak nikte'.
Jatz'utz chak u nikte' le Balaamo'...

U na'o'ob jatz'utz chak le nikte'a yetel
u yuumo'ob le Baalamo'.

El Flor del jaguar crecía en el cuerpo del jaguar.

El cuerpo del jaguar alimentaba a su Flor y su Flor florecía y nacieron muchas floras...

La madre de esas flores era la Flor del jaguar.

The Jaguar's Flower grew on the body of the Jaguar.

The Jaguar's body fed his Flower and his Flower flourished and many flowers were born...

The mother of those flowers was the Jaguar's Flower.

Be'oraa' le kajtaalo' tu'ux tzu' kiimil le Baalamo' jump'el nojoch jatz'utz lu'um yetel jach ya'ab jatz'utz chak nikte'ob.

Nojoch Baalam yaan ti'e jach ya'ab u paalob. U paalob le Baalamo' jach jatz'utz...Jach jatz'utz chak nikte'ob.

Nojoch Baalam tun p'aatal kuxa'an tumen jach ya'ab u paalob.

Ahora el lugar donde murió el jaguar es un gran valle y hay muchas flores allá.

El gran jaguar tiene muchas descendientes. Sus niños son muy hermosos...son flores rojas hermosas.

El gran jaguar se queda vivo por sus niños.

Now the place where the Jaguar died is a great big valley and there are many flowers there.

The Great Jaguar had many descendants. His children are very beautiful...they are all beautiful red flowers.

The Great Jaguar remains alive through his many children.

**FEEL FREE TO CONTACT THE AUTHOR
IF YOU MAY HAVE ANY QUESTIONS AT:**

Biinpublications@gmail.com

Made in United States
Troutdale, OR
12/14/2024

26460905R00116